S1

L.b 676.

I0076708

PLAIDOYER

PRONONCÉ

A L'AUDIENCE DE LA COUR D'ASSISES DE L'ISÈRE,

LE 20 MAI 1831,

POUR

CHARLES ALLÈGRE,

CULTIVATEUR, HABITANT A NISMES;

PAR M. PIERRE-LOUIS BARAGNON PÈRE,

AVOCAT PRÈS LA COUR ROYALE DE NISMES.

BIBLIOTHÈQUE ROYALE

A NISMES,

IMPRIMERIE DE DURAND-BELLE,

AVANT-PROPOS.

JE n'ai jamais aimé d'attirer sur moi l'attention publique sans utilité pour la cause à laquelle j'ai consacré mon existence, ou pour les malheureux qui ont eu recours à mon ministère.

Mon opinion est que, lorsqu'on avait eu le malheur de plaider un procès politique et de soulever des passions inflammables, le plus sage était de vouer à l'oubli des phrases que l'intérêt de la défense avait souvent dictées.

A de si puissans motifs pour anéantir le plaidoyer que je fais imprimer, se joignait celui de l'amour-propre : un ouvrage rapidement composé dans l'intervalle seul des audiences, inspiré par les circonstances, présentera nécessairement une foule d'incorrections.

Tous mes scrupules ont disparu devant une seule observation : les malheureux qui languissent encore dans les fers ont laissé, m'a-t-on dit, leurs familles dans la misère ; la vente de ce plaidoyer, quelqu'informe qu'il soit, peut leur offrir des secours que l'on chercherait en vain dans la pitié de nos concitoyens, fatigués de quêtes continuelles. On m'a pressé de laisser publier cet essai pour remplir ce but respectable, et j'ai fait taire les avis de l'amour-propre.

J'aurais pu avouer un autre motif : le désir d'imposer silence à des bruits ridicules que l'on a fait circuler ; mais j'atteste le ciel qu'ils n'ont pas un seul instant occupé ma pensée ; la source en était trop impure pour mériter que l'on y fît la moindre attention.

Puisse le but, le but unique que je me propose, celui d'être utile à des malheureux, être rempli ; et je regarderai encore mon voyage à Grenoble comme une de ces actions dont l'homme, parvenu à la fin de sa carrière, se plaît à conserver le souvenir.

BARAGNON père, *Avocat.*

PLAIDOYER

PRONONCÉ

DEVANT LA COUR D'ASSISES

DU DÉPARTEMENT DE L'ISÈRE,

LE 20 MAI 1831,

POUR ALLÈGRE, DE NISMES.

———————

MESSIEURS,

CE n'est pas sans une vive émotion que je porte la parole aujourd'hui devant vous. Retiré du barreau depuis près de huit années, ayant perdu l'habitude de l'audience, le désir seul d'être utile à des hommes que j'ai cru malheureux a pu m'arracher aux travaux du cabinet et au repos des champs.

Je ne vous occuperais pas de moi, Messieurs, si je n'avais été, pendant les débats, l'objet de quelques insultes que j'ai méprisées, et si des bruits injurieux n'avaient circulé autour de cette enceinte.

Ce n'est pas cependant sans quelque orgueil que je peux jeter un coup d'œil en arrière sur ma carrière politique comme avocat ; jamais le malheureux, de quelque opinion qu'il fût, n'a imploré en vain mon ministère.

Au milieu des réactions de 1815, un magistrat,

votre concitoyen , poursuivait , comme procureur-
général , plusieurs habitans de la commune d'Ar-
paillargues , accusés d'assassinat sur des volontaires
royaux : six d'entr'eux me confièrent leur défense ,
et ils furent rendus à leur famille.

Imbert , officier de la vieille armée , fut traduit
devant un conseil de guerre ; déjà il était en
présence de ses juges ; son arrêt semblait prononcé ;
son avocat avait déserté sa défense ; je m'en em-
parai , et Imbert fut acquitté.

A ces deux exemples , je pourrais ajouter celui
de cinquante pères de famille accusés de délits
politiques , plus ou moins graves , tous rendront
sans doute justice au zèle avec lequel j'embrassai
leur défense.

Après les excès de 1815 , j'eus d'autres coupables à défendre. Les assises du Gard , celles de
la Drôme m'ont vu tour à tour leur prêter un
ministère presque toujours désintéressé. Un magistrat de Grenoble , dont le ressort de votre Cour
a conservé un souvenir honorable , présidait les
assises de la Drôme ; oserai - je dire que les
débats mirent dans tout leur jour quelques traits
de ma conduite politique ; que ce Magistrat me
combla d'éloges , peu mérités sans doute , mais
bien flatteurs pour moi : ils partaient d'une bouche
désintéressée.

J'en avais conservé le souvenir , Messieurs :
c'est lui qui m'avait donné le courage de paraître
devant vous ; il m'avait inspiré de votre justice ,
de votre impartialité , une opinion que la décision
à intervenir confirmera , je l'espère.

Je compte aujourd'hui sur la même hospitalité : Grenoblois, veuillez bien nous écouter avec patience, vous nous jugerez après. Les faits que je mettrai sous vos yeux vous paraîtront peut-être étranges. Suspendez votre jugement, daignez m'entendre : de toutes les libertés, la plus sacrée est celle de la défense.

Allègre (1) est traduit devant vous, accusé d'un crime capital. On lui reproche d'avoir pris les armes, d'en avoir fait usage, d'avoir versé le sang de ses concitoyens. Sans doute, dans toute autre position que celle où Allègre a pu se trouver, comme habitant de Nismes, le 30 août dernier, le fait qui lui est imputé serait un crime, un crime grave : le sang versé demanderait vengeance, et notre ministère se bornerait à chercher, dans

(1) Ma plaidoirie commençait par ces mots : *Allègre est traduit devant vous, etc.* Mon intention n'était pas d'appeler sur moi l'attention de la Cour ; mais j'avais été, sur l'audience, l'objet de plusieurs provocations de la part de quelques témoins à charge, et, quoique j'en fusse déjà complètement vengé par la justice que me rendaient la Cour et les jurés, il m'importait de prouver que je méritais leur estime. J'étais instruit d'ailleurs que l'on faisait circuler, dans l'enceinte même du palais, une brochure échappée dans le temps à la plume d'un magistrat qui la désavouerait peut-être aujourd'hui, s'il ne lui devait sa première célébrité politique ; et je crus utile de faire précéder mon véritable exorde par les phrases improvisées que l'on vient de lire : elles contiennent des faits qui ne seront pas démentis.

les débats, la preuve qu'Allègre n'en serait pas l'auteur.

Mais il est, en révolution, des positions si singulières qu'elles dénaturent tout, jusqu'aux idées du bien et du mal ; elles intervertissent toutes les notions de justice, l'événement seul devient le juge ; le vainqueur n'a jamais tort.

Si Allègre a pris les armes, si le fait qui lui est imputé, et qu'il nie, est vrai, il n'était point seul ; plus de cent personnes ont suivi son exemple ; elles sont connues, elles en conviennent ; mille individus se glorifient d'avoir été dans les rangs opposés ; y étaient-ils tous ? Je l'ignore. Chacun veut avoir contribué à la victoire ; mais enfin les vaincus ne désavouent pas leurs œuvres ; il en est plusieurs dont l'arrêt de mise en accusation fait mention, et dont la présence aux événemens du 3o est bien autrement certaine que celle d'Allègre : par quelle fatalité ce dernier est-il seul poursuivi ? Quel est ce problème à résoudre ? Tàchons de l'expliquer et de démontrer en même temps l'innocence de l'accusé ; tàchons de prouver qu'il ne méritait pas la dangereuse préférence que la chambre des mises en accusation lui a donnée.

Personne n'ignore l'existence des haines qui divisent les habitans de la ville de Nismes, et les placent involontairement, pour la plupart, sur le théâtre d'une arène permanente.

Les opinions politiques tracent en apparence la ligne de démarcation qui existe entre les partis ; mais elles n'ont pas suffi pour la creuser aussi profondément ; il faut chercher d'autres causes à nos dissensions ; il faut, pour en trouver l'origine, remonter à des époques plus éloignées que celles qui ont pu faire naître les divisions politiques : tranchons le mot, la différence de religion est l'unique mobile qui agite la population de Nismes ; vous en avez acquis la preuve dans les débats (1).

Habitans du Dauphiné ! vous êtes heureux : aux controverses politiques, vous n'avez jamais ajouté d'autres brandons de discorde : plaignez-nous, ne nous accusez pas ; nous ne sommes pas les vrais coupables ; et si nos pères n'avaient pas laissé, dans presque toutes les familles, des désastres à venger, des haines héréditaires, malgré le soleil brûlant du midi la ville de Nismes, si éminemment française par la gaîté et la bravoure de ses habitans, ne présenterait pas ce mélange incroyable d'héroïsme et *de férocité*, ne verrait pas les pages de son histoire salies à chaque instant par le récit des crimes qu'elle est forcée de désavouer.

Habitans du Dauphiné ! c'est à votre heureuse impassibilité, à votre réputation d'impartialité, que vous devez sans doute l'honneur d'être appelés à prononcer sur les résultats de nos discordes : tout autre motif qui aurait amené devant vous les accusés du midi serait une injure, et vous la repousseriez sans doute.

(1) On demande à un témoin : Un tel est-il libéral ? Oui, monsieur (répond-il avec naïveté), il est protestant.

Pour nous , Messieurs , nous nous félicitons de ce choix : l'élite du département de l'Isère représenté par ses Jurés , une Cour dont la sagesse est attestée par tous les monumens de la jurisprudence, un ministère public qui sait si bien adoucir et faire respecter la rigueur même de ses fonctions , tant de motifs doivent rassurer Allègre ; mais son avocat , au milieu d'un barreau distingué , doit sentir son insuffisance , et seul il connaîtra la crainte.

Son choix , cependant , Messieurs , n'est pas dû au hasard ou à une confiance aveugle ; la témérité avec laquelle il a accepté une mission délicate n'est pas celle de l'amour-propre.

Il fallait aux accusés un défenseur qui pût vous faire connaître la position du pays , et s'identifier avec elle , pour vous mettre à même de bien apprécier les faits que les débats ont mis sous vos yeux , et les présenter dans tout leur jour.

La culpabilité , vous ne l'ignorez pas , est une idée complexe qui se compose du fait matériel et de l'intention ; le meurtre même , s'il est involontaire ou forcé par le besoin de la défense , n'est pas un crime : ce qui est imprudence et crime dans un lieu , peut cesser de l'être dans l'autre ; il peut devenir même une fatale nécessité. Ces principes sont dans vos cœurs , ils ne demandent que d'être développés , vous en verrez dans cette cause un exemple remarquable.

La défense d'Allègre se lie au récit des événemens qui ont agité Nismes les 29 et 30 août ; que dis-je , elle en est inséparable , j'en appelle ,

Messieurs , à votre conscience , à l'idée que les
débats ont déjà dû vous donner de la cruelle
position où le citoyen paisible a pu se trouver.
Il est donc de mon devoir d'entrer dans quelques
détails.

De tout temps Nismes a été divisé en deux
partis bien prononcés : la religion les séparait lorsque la révolution présenta de nouveaux germes
de divisions dans les opinions politiques ; le choix
d'un parti dicta peut-être celui de l'autre , et le
sang des habitans ne tarda pas à couler : ne re-
veillons pas de trop cruels et anciens souvenirs.

L'Empire avait étouffé en France toutes les dissensions sous des faisceaux de lauriers , ou les avait
enchaînées par les liens d'une administration ri-
goureuse.

Malgré les anciens fermens de désunion , un
même vœu , à la chute de l'empire , semblait
réunir la population de Nismes ; tout le monde
commençait à sentir que le sang de tous nos enfans payait trop cher une gloire importune : 1814
n'offrit aucun excès.

Les cent jours et 1815 séparèrent de nouveau
les partis. Dans les cent jours , l'un d'eux eut
de graves reproches à se faire : les représailles de
1815 furent sanglantes. Les hommes de bien en
ont gémi ; quelques-uns d'entr'eux peuvent se glo-
rifier d'avoir fait leur devoir : il ne me serait pas
difficile d'en chercher les exemples même à Grenoble , et je les trouverais dans les heureuses
acquisitions dont plus tard s'enrichit votre ma-
gistrature.

Cependant, Messieurs, les excès de 1815, quelques coupables qu'ils soient, ont été singulièrement grossis et exagérés dans les tableaux qui vous en ont été tracés. L'histoire, la brochure, le libelle, et le roman même, se sont emparés du récit des malheurs de cette époque, pour la flétrir à jamais ; il semble qu'il n'est plus permis d'affaiblir l'idée qu'on en a conçue, sans se rendre coupable de chercher à excuser le crime.

Loin de nous la pensée de vouloir atténuer l'horreur que doivent inspirer de monstrueuses célébrités ; puisse-t-on être bien convaincu, surtout à Nismes, que ceux qui marcheront sur des traces sanglantes seront toujours en exécration à leurs concitoyens et à la postérité !

Mais Nismes tout entier est-il coupable ? Les faits sont-ils tellement enchaînés l'un à l'autre, que rien ne puisse briser les liens qui les réunissent ? Ce peuple ardent et sensible, indocile et religieux, impétueux dans ses haines et dans ses affections, sera-t-il toujours la victime d'une fatale réputation ? Cette ville, si recommandable à tant de titres, sera-t-elle constamment redoutée comme l'antre de Polyphème, dont le navigateur s'éloigne en frémissant ?

Né à Nismes, Messieurs les jurés, je sens au battement de mon cœur qu'il demanderait à vous faire connaître toute la vérité, et à justifier le sol natal ; mais je m'écarterais de mon sujet, hâtons-nous d'y revenir.

Une garde nationale, dont le souvenir ne présentera jamais à ma mémoire que des modèles d'or-

dre, de soumission et de discipline, avait succédé
aux rassemblemens armés de 18,5. J'étais un des
chefs, et, sans le retour des orages, sans la nouvelle effervescence des passions, j'ose croire que
l'on n'aurait pas perdu le souvenir des services
qu'au péril même de mes jours, j'avais rendus à la
tranquillité publique.

Elle fut supprimée en 1817, et, je ne dois pas
le dissimuler, la mesure fut sage : elle servira un
jour d'exemple ; le but qu'on se proposait fut
rempli.

Depuis cette époque la ligne de démarcation
s'affaiblissait tous les jours : les fêtes publiques
voyaient des réunions mi-partie ; des cercles s'é-
taient formés dans le même esprit ; une opinion
devenue presque commune blâmait la marche du
gouvernement : l'élection des deux cent vingt-un
en donna la preuve.

Parmi le peuple, le rapprochement était moins
sensible ; mais aucune explosion de haine ne signa-
lait l'existence des anciens fermens.

La révolution de juillet frappa tout le monde
d'un égal étonnement : une espèce de stupeur en
fut la suite. Un parti ne pouvait croire à la chute
d'un colosse qui aurait été en effet inébranlable,
si la base en eût été assise sur des principes d'une
sage liberté. L'autre parti n'osait mettre à jour
ses espérances ; des paroles de paix circulaient encore ; elles étaient dans la bouche de tous les
gens de biens, mais déjà l'injure était sur les lèvres
du peuple.

Impatiemment attendu par les uns, repoussé

par l'amour-propre des autres , le drapeau tricolore ne fut arboré que lorsque l'ordre en eut été
donné par l'autorité ; il fut arboré sans obstacles
et même sans troubles. Les efforts de tous les
citoyens paisibles avaient produit un rapprochement dont on attendait les plus heureux effets ;
des promenades autour de la ville , des faran-
doles protégées par l'autorité , où le catholique
serrait la main du protestant ; des banquets où ils
étaient tous réunis : tel est le spectacle que Nismes nous donna les 5 et 6 août ; mais , hélas !
ces jours prospères furent de peu de durée.

Les troubles recommencèrent le 15 : la victoire
rend peu modeste : les prétendus vaincus étaient
loin d'accepter ce titre , et reprenaient une attitude
fière.

Le 15 août était , à Nismes , la veille d'une foire
dans laquelle affluent tous les habitans des villages voisins.

Ceux de la ville étaient , dès la veille , divisés
en groupes formés sur les boulevarts qui entourent
la cité proprement dite.

Le boulevart qui des Casernes conduit à la Fon-
taine , situé au bas d'un des faubourgs les plus
populeux , servait de camp à un parti ; le boulevart de la Comédie , de la Magdelaine et des Arènes
recevait l'autre ; et une espèce de neutralité semblait régner depuis les Arènes jusques à la porte
des Carmes. Quelques cafés étaient les principaux
foyers du mouvement ; celui de la Bourse ne re-
poussera pas l'imputation d'avoir été un des points
de réunion.

Les habitans de la campagne, accourus en foule, vinrent augmenter le désordre. L'affaire Layalle, jugée le 18, vous a mis à même de connaître un des points de vue du tableau que nous pourrions vous présenter ; j'ajouterai que des excès non moins répréhensibles se commettaient sur des points opposés.

Cependant les troubles du 15 et du 16 août ne furent pas sérieux ; l'autorité fit cesser la foire, ordonna aux étrangers de sortir, et une tranquillité du moins apparente fut rétablie.

Il existait à Nismes une garnison admirable par son zèle ; elle avait le tort de n'être pas Française, mais sa baïonnette, quoique étrangère, était impartiale. La ville entière de Nismes lui a rendu justice, l'autorité lui a voté des remercîmens ; elle maintint l'ordre jusques au jour de son départ.

Son dernier bataillon s'éloignait le 28 août, et les événemens qui ont amené l'accusation d'Allègre ont commencé le 29.

Ce jour, dimanche, un rassemblement formé au café de la Bourse se porta devant l'Hôtel de la Mairie, à dix heures du matin, pour obtenir des armes ; la garde nationale n'était point encore organisée.

L'autorité n'osa s'exposer à un refus formel, et, voulant se concerter, elle promit de donner à cinq heures du soir une réponse précise, qu'elle sut néanmoins éluder.

Dans l'intervalle, la populace s'était portée dans tous les bureaux où l'on distribuait de la poudre ; elle avait violé le domicile de Castanier, l'un des débitans , et brisé ses portes ; on s'était emparé de vive force de la poudre et du plomb que l'on y avait trouvé ; son argent n'avait pas été respecté : le fait est de notoriété même pour vous , Messieurs ; vos assises dernières ont vu , sur le banc des accusés , des individus prévenus de ce crime ; ils ont été acquittés ; ils n'étaient pas coupables , sans doute , mais le fait n'en est pas moins constant.

Dans la même soirée , la population catholique des Bourgades assistait à l'office divin dans l'église de St-Charles ; un rassemblement tumultueux , et le même sans doute qui s'était livré aux excès de la journée , se forma devant l'église ; des vociférations se firent entendre ; des pierres furent lancées ; une boule en cuivre doré , qui ornait la base d'une croix en fer placée contre le mur du temple , fut engloutie.

Les habitans du faubourg accourent ; ceux qui étaient dans l'église en sortent par une porte latérale , et une lutte s'engage à coups de pierres ; l'agitation est à son comble ; elle faisait prévoir les événemens du lendemain.

L'autorité civile était impuissante , l'autorité militaire n'avait à sa disposition qu'un corps de troupes bien intentionné, mais trop peu nombreux; elle fit cependant les plus grands efforts pour obtenir la paix. Les groupes se dissipèrent ou rentrèrent dans leurs quartiers , et , si quelques individus furent blessés légèrement dans cette soirée , Nismes n'eut du moins à déplorer la perte d'aucun de ses enfans.

Un poste de la troupe de ligne fut placé devant la croix pour la protéger.

Cependant l'exaspération toujours croissante faisait redouter ce qui pouvait arriver ; la nuit se passa dans les alarmes ; la partie catholique du faubourg ne prit aucun repos ; la procédure fait foi de son agitation : tous les partis préludèrent dans la nuit aux combats plus sérieux du 30 ; ils s'armaient les uns et les autres , mais les protestans , protégés par l'autorité , avaient , à cet égard , un avantage immense ; des exprès furent envoyés dans la contrée protestante de La Vaunage , et tout semblait présager une lutte.

Le lundi matin 30 , le rassemblement qui la veille avait assailli l'Hôtel de la Mairie , se présente à ses portes ; nouvelle demande d'armes ; nouveau refus. Dès lors les individus qui composent le rassemblement se répandent dans la ville ; enhardis par l'impunité , ils s'introduisent dans le domicile de quelques catholiques timides , et les désarment ; les voies de fait se propagent ; à tous les coins de la ville des rassemblemens armés se forment ; des compagnies s'organisent d'elles - mêmes sous des chefs qu'elles se créent , et l'influence du moment n'inspirait pas sans doute des choix pacifiques.

L'autorité , qui ne put empêcher le mal , voulut au moins paralyser quelques-uns de ses progrès ; elle se hâta de nommer un chef à la garde nationale future ; un colonel lui fut désigné. Mais comment pouvait-il faire reconnaître son autorité , avec une troupe improvisée dans un moment de troubles ? L'esprit qui l'animait est assez prouvé par l'information , et l'arrêt de mise en accusation , rendu par la Cour royale de Nismes , fait mention d'un fait bien caractéristique , et qui n'a besoin d'être suivi d'aucune réflexion. M. Revoil, étranger à la ville de Nismes , inspecteur des postes aux lettres , est à sa fenêtre : une compagnie qui se réunissait sur la Bouquerie , lui crie d'en fermer les volets ; il obéit , et à l'instant deux coups de fusils partent , brisent la corniche et le couvrent de ses éclats.

Dans les faits que je cite , dans ceux qui vont suivre , mon guide unique , Messieurs les Jurés , est l'information faite par la Cour royale de Nismes. Anathème à nous , si nous cherchions à altérer la vérité et à égarer votre religion.

Les compagnies qui s'étaient formées stationnaient sur les boulevarts : l'une d'elles prit poste , dès le matin , à l'auberge de la Bazique ; c'est ici , Messieurs , que nous avons besoin de vous faire connaître le lieu de la scène.

Il existe à Nismes un faubourg nommé les Bourgades et l'Enclos Rey ; il est borné au midi par les boulevarts , au couchant par la Citadelle et les terrains qui l'entourent , au levant par les Casernes , au nord et même en grande partie au levant par les hauteurs qui dominent la ville de Nismes. L'auberge de la Bazique est située dans la rue qui monte à la Porte d'Alais , et suit les glacis de la Citadelle ; elle est séparée de cette porte par une distance de 115 toises , apert le plan géométrique que j'ai mis sous vos yeux.

A l'extrémité du faubourg se trouvent des rues

ou traverses bornées par des jardins et enclos ;
elles conduisent aux hauteurs dont nous venons
de parler ; la dernière rue transversale , dans la di-
rection du couchant au levant , qui commence à
la Porte d'Alais , s'appelle la rue de la Faïence ,
ce nom a retenti souvent dans les débats ; toute
la partie nord du faubourg est habitée par des
cultivateurs ouvriers catholiques.

C'est eux que les rassemblemens menaçaient par-
ticulièrement , c'est avec eux que le combat à coups
de pierres avait été livré devant la porte de l'église
St-Charles ; le poste de la Bazique était pour eux
l'avant-garde ennemie.

Cependant le général employait tous ses efforts
pour éviter l'effusion du sang. Forcé en quelque
sorte d'approuver les rassemblemens improvisés et
armés qui étaient sur les boulevarts , il donna l'ordre à tous leurs chefs de ne pas sortir de leurs positions , et surtout de ne pas pénétrer dans les
Bourgades et l'Enclos Rey ; l'information en fait
foi : « *Si vous y entrez et qu'ils vous écrasent* (dit-il
» à un émissaire) *tant pis pour vous ;* s'ils vous
» attaquent , défendez-vous : je viendrai avec la
» troupe à votre secours (1). »

Le général savait bien que le parti catholique
ne serait point l'agresseur : « *Il s'est armé parce
» qu'il a peur* (disait-il au même émissaire) » ;
et en effet , les catholiques n'avaient aucun chef;
tous ceux dans lesquels ils eussent pu avoir quel-

(1) Déposition de Maury , aubergiste de la Bazique,

que confiance , s'étaient éloignés d'une ville aussi
agitée : livrés à eux-mêmes , la crainte seule leur
avait mis les armes à la main ; leur désespoir ,
sans doute , leur tint lieu de courage.

Ceux qui pouvaient fuir sans abandonner un
père, une mère , une femme ou des enfans , avaient
quitté leurs foyers ; la plupart de ceux qui res-
taient étaient sans armes, les au'res n'avaient que
des fusils de chasse et manquaient de munitions.
Ainsi , une population triple de l'autre ne mit sous
les armes qu'environ deux cents hommes agités tout
à la fois par la crainte et par le désespoir.

Ils voyaient les préparatifs que l'on faisait contr'eux , ils entendaient former des projets sangui-
naires ; les menaces les plus effrayantes frappaient
leurs oreilles ; ils se retranchèrent , si l'on peut
se servir de cette expression , dans les rues qu'ils
habitaient , et devant la porte de leurs maisons.

Leur position est facile à saisir ; quelques groupes,
composés de dix à douze hommes au plus , gar-
daient l'entrée des rues , à l'extrémité du faubourg ;
quelques individus , sans plan , sans autre projet
que de se défendre , avaient fermé leurs portes
et s'étaient barricadés dans leur domicile ; une
centaine d'hommes environ avaient même quitté le
faubourg et s'étaient portés sur les hauteurs des moulins à vent. Telle était la situation de ceux que l'accusation représente comme agresseurs; voulez-vous
en connaître l'esprit , lisez , dans les informations ,
une déposition bien impartiale , celle d'un sergent
du 36.me régiment , commandant une patrouille.
— Il se trouve , dans la nuit du 29 au 30 , en

présence d'un rassemblement qui se dissipe à sa vue ; il est témoin des efforts que fait le général pour les rassurer. Que demandez-vous ? leur dit ce dernier. — Nous sommes catholiques : — on attaque notre religion : — on veut nous enlever nos croix : — vive la croix ! telle est la réponse. Le général promet sa protection.

Ne manquons pas surtout d'observer que le lundi la scène n'a pas dépassé les rues où résidaient ceux qui y ont pris part ; qu'ils ne se sont point éloignés de leurs foyers ; qu'ils n'ont pu, par conséquent, combattre qu'à leurs corps défendant ; que toute agression de leur part est invraisemblable et impossible.

Cependant le poste de la Bazique grossissait à vue d'œil ; les autres rassemblemens ou compagnies venaient s'y réunir, parcouraient la partie méridionale des Bourgades, contournaient le fort et s'établissaient sur les hauteurs qui l'avoisinent.

Le poste catholique (puisque nous en sommes réduits à nous servir de cette expression) le plus rapproché de la Bazique était placé à l'entrée de la Faïence, vulgairement appelée Porte d'Alais. Il était composé de vingt hommes au plus, l'information l'atteste. Allègre y était-il ? Il le nie. Le moment dont nous nous occupons est celui de quatre heures du soir ; il est certain qu'on l'avait vu sur le lieu de la scène à deux heures, mais sans armes ; mais les minutes, dans de pareilles circonstances, sont des siècles pour les déterminations à prendre, et la modeste maison qu'occupe Allègre, avec sa mère, forme le coin de la rue de la Porte d'Alais ; il était donc à deux heures sur le seuil de sa porte , il y était sans armes. Nous examinerons plus tard la part qu'il peut avoir prise à l'événement ; occupons-nous des faits généraux , et qu'il me soit permis d'attirer votre attention sur une circonstance qui achèvera de faire connaître les prétendus rebelles.

L'évêque de Nismes , ce prélat que la calomnie ne saurait atteindre , que sa charité , sa tolérance font également chérir et respecter , est prié par l'autorité de se transporter lui-même dans les faubourgs pour apaiser les craintes des catholiques , et les engager à déposer les armes. Son âge , les dangers qu'il peut courir , rien ne l'arrête : il est bientôt au milieu du rassemblement , accompagné de deux prêtres respectables , et en obtient la parole formelle que tous ceux qui le composent se borneront à défendre leurs jours. Mais déjà des cris précurseurs de l'orage se font entendre , ces hommes armés ne tremblent plus que pour leur pasteur ; ils s'agenouillent devant lui et lui demandent de les bénir. Il cède en gémissant , et se retire,

Des coups de feu se font entendre ! quel est le parti qui le premier a donné le signal du meurtre ? Est-ce l'assaillant ou l'assiégé ? Consultez, Messieurs les Jurés, les vraisemblances et votre conscience , et prononcez. A l'instant des patrouilles nombreuses , ou , pour mieux dire , des rassemblemens armés, marchent sur plusieurs pelotons, partent de la Bazique et des boulevarts ; ils arrivent en plusieurs colonnes par les rues qui tra-

versent le faubourg, et se dirigent vers la Porte
d'Alais ; ceux qui ont contourné la Citadelle,
attaquent les défenseurs de ce poste, en flanc et
en face ; à peine vingt hommes le composent encore et les assaillans ont compté déjà plusieurs morts.
Il fallut néanmoins céder à la force et fuir vers
les hauteurs des moulins à vent ; cependant la
troupe de ligne arrivait aussi sur divers points, et
se plaçait, l'arme au bras, entre les deux partis ;
les assiégés qui n'avaient pas encore trouvé la mort,
ou qui n'avaient pu se résoudre à fuir, respi-
rèrent derrière leurs rangs. S'ils eussent été coupables, si le général l'eût pensé ainsi, n'eussent-
ils pas été arrêtés ? Des témoins entendus vous
ont attesté qu'ils avaient eux-mêmes provoqué cette
arrestation, que le commandant de la troupe s'y
était refusé après avoir consulté le général (1).

Veuillez, Messieurs, vous rappeler les propos
tenus par celui-ci, les ordres par lui donnés, la
protection également promise aux deux partis, et
demandez-vous si sa conduite, dans cette circonstance, n'indique pas suffisamment quels furent les
agresseurs ?

Cependant la partie n'était point égale ; tous
les catholiques des faubourgs, qu'ils eussent pris
ou non part au combat, quittèrent la ville
suivis de leurs femmes et de leurs enfans : une
population de dix mille âmes était dispersée dans

(1) Déposition de M. Roche, capitaine d'une des compagnies de la garde nationale.

les villages voisins et même dans les champs ;
les communes rurales se réunirent pour les protéger , et le lendemain , 3ı août , vit près de trois
mille hommes en armes, postés au Pont-de-Car ,
sur le grand chemin de Nismes à Beaucaire.

Aucun chef ne dirigeait encore ce rassemblement;
aucune intention hostile contre le gouvernement
ne l'animait ; chacun croyait défendre ses foyers ,
ses enfans et sa religion ; ce but unique était hautement proclamé ; un drapeau tricolore flottait dans
les rangs , et une croix en bois noire , signe du
deuil général , remplaçait le coq gaulois. Quel
sujet étonnant de méditation ! qu'il était noble ce
peuple , même dans ses écarts !...

Cependant l'appel fait à La Vaunage avait amené
dans Nismes toute la population de cette contrée ;
il ne m'appartient pas de tracer le tableau de cette
réunion qui nous rappellerait des époques désas-
treuses dans nos annales : honneur à l'autorité qui
sut la contenir et déjouer l'espoir de ceux qui
l'avaient appelée.

Le général stimule le zèle des citoyens bien
intentionnés que Nismes renfermait heureusement
encore , pour contenir le parti victorieux : il fait
surveiller les secours venus de La Vaunage , par
une portion de sa troupe , et s'avança , suivi de
l'autre , vers le rassemblement du Pont-de-Car,
sur la route de Beaucaire. Aucune démonstration
hostile ne l'accueille ; un parlementaire s'avance ,
il porte en main le drapeau tricolore , il offre au
général de voir dissiper à l'instant tout le rassemblement , s'il veut donner ses ordres pour que

les habitans de La Vaunage quittent Nismes ; il promet, au nom de tous les émigrés ou fuyards, de rentrer dans leurs foyers, si on peut les assurer de la protection de l'autorité, et si l'agression dont ils ont été la victime ne se renouvelle plus.

Ces conditions sont acceptées, c'était le vœu du général : les populations des villages s'éloignent ; la persuasion, la parole d'honneur d'un militaire a suffi pour les rassurer ; quelques récalcitrans, en petit nombre, restent encore, mais un peloton de chasseurs les disperse sans résistance ; on fait sur eux quelques prisonniers, on les traduit à Nismes ; l'autorité civile, d'accord avec l'autorité militaire, les mit en liberté. La cause des événemens était connue : ne perdez jamais de vue, Messieurs, cette circonstance si essentielle pour Allègre.

Le général tint la parole qu'il avait donnée : les habitans de La Vaunage reçurent l'ordre de quitter la ville ; ils obéirent, et la troupe de ligne suivait leurs derrières pour assurer l'exécution complète de la mesure ordonnée. Ainsi, Messieurs, se termina la crise la plus étonnante dans ces incidens, la plus effrayante en apparence que Nismes ait éprouvée depuis les événemens politiques.

Cependant il avait à déplorer la mort de plusieurs concitoyens : chaque parti avait éprouvé des pertes, l'hospice avait recueilli plusieurs blessés. Ce tableau vous étonne, et il doit vous étonner ; vous croirez que je parle d'une contrée étrangère à la France, je le désirerais comme vous, et je vous prie de croire que, loin de rembrunir les traits du tableau, je les ai peut-être presque tous affaiblis ; il ne

peut être mieux terminé que par la lecture de
l'arrêt qui met Allègre en accusation (1).

(1) Considérant qu'il résulte des pièces desdites pro-
cédures jointes, les faits suivans :

Dans la journée du 30 août dernier, une agitation
extrême régnait dans la ville ; une partie de citoyens,
dévouée au nouveau gouvernement, *se croyant exposée à
une attaque de la part de ceux d'une autre opinion, cou-
rut aux armes, et forma spontanément,* ET SANS ORDRES,
plusieurs postes militaires.

*L'autorité, qui ne put contenir cet élan, chercha à la
régulariser, et engagea les citoyens armés, des divers postes,
à demeurer calmes, et à se reposer sur elle du soin de main-
tenir la tranquillité.*

Un de ces postes qui s'étaient spontanément armés,
s'était établi dans l'auberge de la Bazique, rue de la Porte
d'Alais ; il se composait d'une trentaine d'hommes armés
de fusils.

Vers une heure après midi, un rassemblement *peu con-
sidérable de catholiques, sans armes,* se forma sur la place
de la Porte d'Alais.

Plus tard ce rassemblement s'arma et devint plus con-
sidérable. Le poste de la Bazique, *se croyant menacé,* en
fit prévenir le général de Lascours qui fit répondre
de s'abstenir de toute attaque, et recommanda qu'on le
prévînt dans le cas où l'on serait attaqué : sur cette réponse on plaça des sentinelles devant la porte de l'auberge
de la Bazique.

Entre quatre et cinq heures, une fusillade s'engagea entre ce poste et le rassemblement de la Porte d'Alais.

Les témoins entendus affirment que les premiers coups
de fusils ont été tirés par ceux de la Porte d'Alais : dans
le premier moment, *Thomas Chevalier* fut tué, *Douleau*
et *Rouvière* furent grièvement blessés ; ils faisaient tous
trois partie du poste de la Bazique.

Ce monument judiciaire , auquel l'histoire s'attachera un jour , contient la preuve de tous les

Plusieurs pelotons accourent au secours de ce poste ,
ils étaient commandés par les sieurs *Nicolas*, *Chès*, *Bastide*,
Edouard Coste , *Isouard* , *Roche* et *Pierre Faugier* (1).

Un autre de ces pelotons , composé d'un certain nombre de personnes armées , marchant de deux à deux , et
ayant à leur tête un drapeau tricolore et un tambour
qui battait la charge , venant du côté de la Comédie ,
et se dirigeant vers les Bourgades , passa sur la place de
la Bouquerie entre quatre et quatre heures et demie. Ces
hommes ayant aperçu , à une des maisons de cette place ,
le sieur Revoil , inspecteur des postes , qui était à sa fenêtre ,
lui crièrent de la fermer , et lui tirèrent en même temps
deux coups de fusils chargés à balles , dont une vint frap
per la corniche de la fenêtre , la brisa , et couvrit de ses
fragmens ledit Revoil. Parmi les premiers pelotons ci-dessus mentionnés , les uns tournèrent le Fort , attaquèrent
le rassemblement par derrière , et les autres par diverses
rues.

Le rassemblement se divise ; une partie se replie dans
la rue de la Faïence , l'autre sur les hauteurs des moulins à vent.

Le combat se prolongea pendant plusieurs heures.

Spaze , Sabatery et *Cruveiller* furent tués ; *Chès* succomba , peu d'heures après , à une grave blessure ; *Hugou*,
Bellivier , *Planes* , *Barbier* , *Bayet* et *Lienard* reçurent
des blessures plus ou moins graves.

Du côté des catholiques , *Gaspard* et *Guyot* furent tués :
on ignore le nombre de leurs blessés.

On remarque que des coups de feu partaient des fènêtres de plusieurs maisons , entr'autres de celle d'*Astier* ,
le boîteux , et de celle de *Bossuge*.

(1) Qu'il ne faut pas confondre avec M. Guillaume Faugier , agréé au tribunal
de commerce de Nismes.

faits que j'ai avancés ; il nous rétrace lui-même le
tableau des deux parties de la population achar-

L'apparition des troupes de ligne fit cesser le combat.
Berthezène, les frères *Dussaut*, *Astier*, *Bossuge* et
quelques autres individus ont été signalés par quelques
témoins comme ayant pris une part active aux actes de
violence commis par le rassemblement de la Porte d'Alais,
mais seulement après les premières hostilités, et au plus fort
du combat; *d'où il résulte que ces individus peuvent etre*
placés dans le cas de la légitime défense d'eux-mèmes ou de
leurs familles.

Ceux au contraire qui, sans aucune provocation, au-
raient engagé le combat, peuvent et doivent être consi-
dérés comme coupables.

Des indices ont d'abord désigné *Mercier* comme ayant
été reconnu parmi ceux qui tiraient dans le rassemblement d'où les premiers coups de feu sont partis ; mais
ces indices ont été jugés n'être pas suffisans pour motiver
la mise en accusation.

Deux témoins (1) ont, au contraire, reconnu dans ce
rassemblement *Charles Allègre* faisant feu sur ceux qui
montaient du côté de la Bazique.

En conséquence, considérant qu'il résulte de ces faits
des indices suffisans que ledit Allègre s'est rendu coupable :

1.° D'avoir, le 30 août dernier, volontairement donné
la mort au nommé *Thomas Chevalier* ;

2.° D'avoir tenté de donner la mort aux nommés *Dou-*
leau et *Rouvière* ; laquelle tentative, manifestée par des
actes extérieurs, et suivie d'un commencement d'exécution,
n'a été suspendue ou n'a manqué son effet que par des
circonstances fortuites et indépendantes de la volonté dudit
Allègre ;

(1) Il est bon d'observer que ces deux témoins sont protestans, et d'une opinion opposée à Allègre.

nées à se détruire ; et il ne devait plus exister de coupables dès l'instant où la Cour avait jugé que les crimes de la journée du 3o étaient un fléau envoyé par la divinité, qui, dans ses desseins impénétrables, avait armé les citoyens les uns contre les autres.

Pourquoi, me suis-je dit alors, Allègre est-il seul sur le banc des accusés? Pourquoi le défenseur le plus inoffensif d'un parti, pourquoi l'homme que les mœurs les plus douces, la conduite la plus irrépro-

---

Ou du moins de s'être rendu complice de ces crimes, pour en avoir, avec connaissance, aidé et assisté l'auteur ou les auteurs ¦ dans les faits qui les ont préparés, facilités ou consommés ;

Crimes prévus par les art. 295, 3o4, 59, 6o et 2 du Code pénal ;

Que ces crimes sont de la compétence des Cours d'assises, et qu'ils ont été commis dans le département du Gard ;

Considérant, en ce qui touche les nommés *Mercier*, *Berthezène*, *Astier*, *Bossuge*, *Gilles*, *Faucher* et *les frères Dussaut*, qu'il ne résulte pas des pièces de cette procédure des indices suffisans de culpabilité contr'eux ;

Vu les articles 229, 331, 332, 333 et 134 du Code d'instruction criminelle ;

Par tous ces motifs, la Cour déclare qu'il y a lieu à accusation contre ledit *Charles Allègre*, à raison des crimes ci-dessus mentionnés et qualifiés ; le renvoie en conséquence à la Cour d'assises du département du Gard, séant à Nismes, à laquelle toutes les pièces de cette procédure seront remises, pour y être jugé conformément à la loi et sur l'acte d'accusation qui sera rédigé contre lui par M. le Procureur-Général.

chable distinguaient parmi les habitans du faubourg, est-il seul offert en holocauste à la justice ?

Il nie d'avoir pris part au combat qui s'est livré dans la soirée du 3o : nous allons parcourir, en peu de mots, les charges et les moyens de défense ; nous examinerons d'office, en quelque sorte, la culpabilité que présenterait le fait matériel, si quelque doute pouvait s'élever sur son absence de Nismes dans la soirée du 3o août ; et, sous le double rapport que nous présente la cause, nous attendons son acquittement de votre justice.

Les preuves de l'innocence d'Allègre sont claires, nous n'en donnerons qu'une courte analyse.

Il a soutenu, dans son premier interrogatoire, qu'il était resté chez lui étranger à tout mouvement jusques à deux ou trois heures de l'après-midi ; qu'il prit à cette heure le parti de se retirer à sa vigne où il passa la journée.

Les derniers interrogatoires et les débats ont apporté quelques légères différences dans cette version ; mais ces différences même tendent à la justification de l'accusé.

Il a été vu sur le seuil de sa porte où se trouvait une partie du rassemblement, à deux heures de l'après midi : *mais il était sans armes*, deux témoins à charge l'attestent.

Il entre à cette même heure dans la maison de Françoise Dumas, veuve Théron, autre témoin à charge et non suspect ; il y témoigne l'intention formelle de s'éloigner de la ville; en vain sa mère et sa femme essayent de le retenir en pleu-

rant et en l'embrassant: il persiste dans sa résolution et sort.

Il rencontre Mercier, son oncle, et prend avec
lui le chemin qui conduit au quartier de la Ga-
renne ; ils s'arrêtent tous deux chez Jean Benoît,
jardinier de M. Alric, qui leur donne asile ; ils
y trouvent la femme Sauze et son mari. Ces deux
témoins l'affirment et avaient été entendus dans
l'information.

Mercier et la femme Sauze les abandonnent un
instant ; ils vont chercher un fusil que Sauze a
laissé dans son domicile ; ils sont poussés à cette
démarche par la crainte de se trouver sans armes
dans un lieu isolé, où les malveillans d'un des
partis armés peuvent les assaillir.

La femme Théron voit en effet la femme Sauze
et Mercier qui emportent le fusil ; elle se ren-
ferme dans sa maison avec la mère de l'accusé, qui
ne la quitte pas : cette déposition vient à l'appui
de celle des mariés Sauze.

Enfin, Sauze et sa femme, Benoît et deux
autres témoins attestent qu'ils ont vu Allègre dans
le jardin où il s'était retiré, qu'il y a passé toute
la soirée des troubles, et n'en est sorti que le
lendemain matin.

Un alibi physique et moral (si l'on peut se servir de cette expression) ne saurait être mieux
prouvé ; on l'a vu constamment hors des lieux où
le combat se livrait, et il avait hautement témoigné
l'intention de fuir les dangers ; les pleurs même
de sa femme et de sa mère, qui imploraient sa
protection, n'avaient pu vaincre sa résolution.

Il est inutile , dès lors , d'observer que les assertions de Jacques Theron et de Pierre Rouvière, qui prétendent l'avoir vu , à quatre heures du soir , faisant feu sur la porte de la Bazique , sont invraisemblables ; que Rouvière et Theron se contredisent , puisque l'un a vu Mercier à côté d'Allègre , et l'a parfaitement reconnu , tandis que l'autre disculpe entièrement Mercier.

Entre deux témoins partiaux qui affirment un fait dont ils ne garantissent la vérité que pour l'avoir vu à la distance de 115 toises , au milieu du désordre d'un combat , et six témoins qui se sont trouvés , pendant près d'une journée entière , côte à côte avec Allègre , qui ne peuvent s'être mépris de son identité , le choix n'est pas difficile à faire : il faut tenir pour certain qu'Allègre ne faisait point partie de ceux qui , placés à la porte d'Alais , se défendaient contre le poste de la Bazique , et faisaient feu sur lui.

Là sans doute pourrait se borner notre défense , mais nous devons achever de remplir notre tâche. Allègre est accusé de meurtre sur la personne de Thomas Chevalier , de tentative de meurtre sur celles de Douleau et de Rouvière , et de complicité de ces crimes.

L'idée de meurtre ou d'assassinat ne peut s'allier avec le tableau des événemens qui ont affligé Nismes le 3o août.

Ce tableau est celui d'un combat acharné dans lequel deux partis , à leurs corps défendant , étaient en présence pour se détruire.

Il existe dans le meurtre et dans l'assassinat ,

un caractère de bassesse qui, malgré la férocité qui arma les Nismois les uns contre les autres, ne se rencontre pas dans le combat qu'ils se livrèrent.

C'est donc à tort qu'Allègre, dans tous les cas, aurait été accusé de meurtre ; le crime des deux partis fut un crime politique dans toute l'acception du mot.

Quant au meurtre de Chevalier, il est bien certain que celui-ci est venu chercher la mort presque dans la rue de la Porte d'Alais ; il paraît (si l'on en croit les témoins) qu'il l'aurait reçue, frappé par un coup de feu parti de la maison Bossuge ; le ministère public a reconnu lui-même qu'Allègre serait entièrement étranger à ce prétendu meurtre.

La blessure de Rouvière est partie du même point ; ce témoin, entendu personnellement aux débats, l'affirme ; il était d'ailleurs avec Chevalier qui est tombé à quelques pas devant lui.

Il ne resterait, dans l'accusation de tentative de meurtre, dont Allègre puisse être réputé coupable ou complice, que la blessure reçue par Douleau, qui, d'après lui, aurait été frappé sur la porte même de la Bazique par les premiers coups de feu partis du côté de la Porte d'Alais. Allègre a-t-il tiré ces premiers coups? Où en est la preuve? Ces coups sont-ils partis de la Porte d'Alais où l'on prétend qu'était Allègre? Le contraire résulte et de l'information et des débats.

Mais il est un point plus essentiel qui doit disculper complètement l'accusé.

Dans le système de l'accusation tracée par la

Cour royale de Nismes , le combat qui s'est livré
le 30 , entre les habitans d'une même ville , a été
regardé comme une rixe mutuelle où l'on a donné
la mort de part et d'autre à son corps défendant ;
il a été envisagé comme une fatalité , un décret
de la Providence , et ceux que l'information pré-
sentait comme les plus acharnés , comme les plus
coupables (si nous devons nous servir de cette
expression) ont été mis en liberté par la chambre de mises en accusation elle-même.

L'intention des magistrats est claire ; ils n'ont
voulu punir que les provocateurs , les instigateurs
d'un pareil désordre.

Sous ce point de vue , le choix d'Allègre est
singulier. Simple vacher , sans influence , comment
aurait-il pu armer ses concitoyens? Serait-ce par
son exemple? Il faudrait , pour le convaincre, des
preuves plus claires que le jour.

Il a été vu , a-t-on dit , près de la Porte d'Alais où
s'est formé le rassemblement. Mais la maison qu'il
habite touche cette porte ; ses hésitations pour fuir,
les prières de sa mère qui cherchait à le retenir ,
ont pu le placer quelque temps dans une position
incertaine , et le faire apercevoir dans le même
lieu : mais il était sans armes , et certes on ne peut
pas donner le titre de provocateur à celui dont
le premier mouvement est celui de s'éloigner, et
qui résiste même aux prières de sa mère , lorsque celle-ci veut l'engager à rester.

Si Allègre , après avoir résisté aux instances de
sa mère , eût cédé à celles d'un autre ; s'il eût pris
part au combat après cette circonstance , il n'eût

pas été le provocateur , mais le provoqué ; et il
suffit de le voir pour être certain qu'une méprise
ou la fatalité seule a pu le placer sur le banc
des accusés.

Il est presque inutile de s'occuper de la ques-
tion de complicité. Chacun , dans un désordre général , n'est responsable que de ses propres faits :
il ne pourrait d'ailleurs exister d'autre complicité,
dans le système de l'accusation , que celle qui naî-
trait de la provocation au crime , et nous en avons
justifié Allègre.

Ils furent nécessairement les provocateurs , ceux
qui , la veille , avaient formé des rassemblemens et
s'étaient armés sans ordre ;

Ceux qui s'étaient portés dans les bureaux où
l'on distribuait de la poudre , et avaient violé le
domicile des citoyens ;

Ceux qui s'étaient réunis tumultueusement devant l'église , avaient troublé l'office divin , et in-
sulté à coups de pierres le signe de notre religion ;

Ceux qui formaient des compagnies sur les boulevarts , et attentaient aux jours des citoyens paisibles (1) ;

Ceux qui accouraient des quartiers les plus éloignés pour assaillir une partie de la population dans
ses foyers ;

Ceux qui se réunirent à l'auberge de la Bazique comme un poste avancé , menaçant le camp
ennemi ;

Ceux qui , recevant une autorisation forcée de

(1) M. Revoil.

rester en compagnie armée , dépassèrent la ligne qui leur était tracée ;

Ceux qui assaillirent un quartier dont ils n'ignoraient pas les dispositions ;

Ceux qui, divisés en plusieurs corps, se présentèrent en colonnes serrées, se dirigèrent vers le point unique où leurs ennemis étaient postés.

Quelque irrités , quelque frénétiques que l'on les suppose, ils ne furent pas les provocateurs, ceux qui , avant de recevoir ou donner la mort, s'agenouillaient devant leur pasteur ;

Ceux qui n'étaient pas la sixième partie des assaillans, et n'ont jamais dépassé le seuil de leurs habitations;

Ceux dont le Général a reconnu l'innocence, puisqu'il les a fait mettre en liberté sur le champ même de bataille.

Gloire à la Cour de Nismes , qui a proclamé le principe de légitime défense , et qui l'a reconnue dans la cause des vaincus !

Allègre a eu à subir une épreuve qu'une justice plus exacte aurait pu lui épargner : il ne s'en plaindra pas.

Pour moi , Messieurs, j'avais besoin d'épancher mon cœur , et je n'ai pu résister au désir de vous faire connaître toute la vérité sur ces Nismois si calomniés.

Français du Dauphiné ! nous sommes vos frères : comme vous, notre front rougit au nom du Russe et du Prussien ; comme vous, si leurs bataillons se présentaient sur la frontière, nos corps serviraient de remparts à la patrie.

Et quel est le département, j'ose le dire, qui a le mieux rempli ses devoirs depuis la révolution de juillet ? Nos jeunes conscrits sont partis sans murmures ; les impositions ne laissent aucun arriéré ; les droits réunis, objet de tant de réclamations, n'ont éprouvé aucun obstacle dans un département dont les récoltes en vins font toute la richesse. Quel est notre crime pour être traités avec plus de sévérité que les autres Français, et réduits à un ilotisme qui nous prive des droits de citoyen ? Et cependant l'on a plus fait: l'on a tourmenté notre population dans ses plus chères affections !

J'ai vu partout sur la route les signes sacrés de la religion, respectés dans les départemens de la Drôme et de l'Isère, et les croix de Nismes ont été renversées : des femmes, des enfans seuls les défendaient, et leur sang a coulé. — Par la main de qui, grand Dieu ! La troupe de ligne repousse hautement le reproche de cette insigne lâcheté.

Mais nos gémissemens même ont été étouffés. La tribune nationale a vu des ministres respectables, trompés par des rapports mensongers, démentir les mouvemens des troupes, nier des faits que le soleil a éclairés, et dont quarante mille âmes ont été les témoins.

La calomnie répand partout ses poisons ; on nous représente comme des factieux ; il semble qu'une haine particulière, profitant de l'effervescence de nos passions, voudrait nous jeter dans une fausse démarche : ils n'y réussiront pas, nous sommes Nismois , mais nous sommes Français !

Vous nous rendrez justice , Messieurs , en la personne de ce malheureux qu'une fatalité aveugle a amené devant vous.

Rassurez-vous , Allègre , félicitez-vous de voir votre sort entre les mains de Jurés impartiaux. Rendu à vos foyers , rapportez-y des sentimens de paix ; apprenez à vos concitoyens que les Dauphinois n'ont jamais séparé les principes de la justice de ceux d'une sage liberté : c'est la plus vive satisfaction que vous puissiez procurer aux juges qui vont vous rendre à votre famille ; c'est la plus douce, la seule récompense que vous puissiez offrir aux efforts que j'ai faits pour faire triompher votre innocence (1).

(1) Allègre a été acquitté à l'unanimité , et les jurés n'ont resté aux opinions que le temps strictement nécessaire pour signer une réponse négative à toutes les questions.

www.ingramcontent.com/pod-product-compliance
Lightning Source LLC
Chambersburg PA
CBHW060459210326
41520CB00015B/4014